KARL AUGUST BETTERMANN

Grenzen der Grundrechte

SCHRIFTENREIHE
DER JURISTISCHEN GESELLSCHAFT e.V.
BERLIN

Heft 33

W DE G

1976

DE GRUYTER · BERLIN · NEW YORK

Grenzen der Grundrechte

Von

Dr. Karl August Bettermann
o. Professor
an der Universität Hamburg

2., unveränderte Auflage

W
DE
G

1976

DE GRUYTER · BERLIN · NEW YORK

Vortrag gehalten vor der
Berliner Juristischen Gesellschaft am 4. November 1964

CIP-Kurztitelaufnahme der Deutschen Bibliothek

Bettermann, Karl August
Grenzen der Grundrechte: Vortrag, gehalten vor
d. Berliner Jur. Ges. am 4. November 1964. —
2., unveränd. Aufl. — Berlin, New York: de Gruyter,
1976.

(Schriftenreihe der Juristischen Gesellschaft
e. V. Berlin; H. 33)
ISBN 3-11-007105-3

©
Copyright 1976 by Walter de Gruyter & Co., vormals G. J. Göschen'sche Verlagshandlung,
J. Guttentag, Verlagsbuchhandlung, Georg Reimer, Karl J. Trübner, Veit & Comp.,
1000 Berlin 30.
Printed in Germany.

Satz und Druck: Saladruck, 1000 Berlin 36/W. Hildebrand, 1000 Berlin 65.
Bindearbeiten: Berliner Buchbinderei Wübben & Co., 1000 Berlin 42.

Vorwort

Die Veröffentlichung dieses Vortrags hatte ich bisher unterlassen, weil ich hoffte, daß sie durch die beabsichtigte Darstellung der allgemeinen Lehren in dem von mir mitherausgegebenen Handbuch der Grundrechte sich erübrigen würde. Angesichts des raschen Wandels, in dem unsere Verfassungsordnung sich befindet und der in der Notstandsverfassung und ihren Begleiterscheinungen besonders deutlich wird, erscheint mir es jedoch richtig, nicht länger zu warten. Den Text des Vortrags glaubte ich, nicht verändern und auch in Kauf nehmen zu sollen, daß ich meine Auffassung über den Begriff der „allgemeinen Gesetze" in Art. 5 II GG bereits in JZ 1964, 601 ff. publiziert habe.

Meinen Kollegen im Vorstand der Berliner Juristischen Gesellschaft danke ich für ihre Bereitschaft, den Vortrag noch jetzt in ihre Schriftenreihe aufzunehmen.

Berlin, am 1. September 1968

Karl August Bettermann

Über die Grenzen der Grundrechte vortragen heißt, von den Grenzen der Freiheit sprechen; denn die klassischen Grundrechte sind Freiheitsrechte. Nur diese Grundrechte will ich behandeln, nicht die politischen oder staatsbürgerlichen und erst recht nicht die sozialen Grundrechte. Wenn ich dennoch statt der attraktiveren Formulierung „Grenzen der Freiheit" die schlichtere und juristisch nüchterne von den „Grenzen der Grundrechte" gewählt habe, so möchte ich damit von vornherein klarstellen, daß ich mich nicht in den Höhen der Rechts- und Staatsphilosophie, der allgemeinen Staatslehre oder der politischen Wissenschaften bewege, sondern in den Niederungen des positiven Staatsrechts. Ich spreche nur als Jurist, und mein Anliegen ist ein systematisches und dogmatisches: Ich will versuchen, Schranken, die das geltende Verfassungsrecht den grundrechtlichen Freiheiten oder einzelnen von ihnen zieht, zu klassifizieren, in ein System zu bringen und sie vielleicht auf einige Prinzipien zu reduzieren. Das kann nicht nur dem juristischen Verständnis und der richtigen Handhabung der Schrankenvorschriften dienen, sondern auch helfen, einerseits Lücken in der Schrankenziehung zu schließen und andererseits zu weit getriebene Beschränkungen auf das rechte Maß zurückzuführen.

I

Das ist gleichermaßen nötig wie schwierig; denn der Schrankenregelung des Grundgesetzes liegt keine einheitliche Konzeption zugrunde. Sie leidet vielmehr an Willkürlichkeit und Widersprüchlichkeit. So wird z. B. niemand begreifen, warum zwar Vereinigungen, nicht aber Versammlungen, die „den Strafgesetzen zuwiderlaufen oder sich gegen die verfassungsmäßige Ordnung oder gegen den Gedanken der Völkerverständigung richten" (Art. 9 II), verboten sind und warum solche Versammlungen nach dem Wortlaut des Art. 8 nicht einmal durch Gesetz oder auf Grund Gesetzes verboten werden können, außer wenn sie unter freiem Himmel stattfinden. Ebensowenig läßt sich ein vernünftiger Grund dafür erkennen, daß nach Art. 5 zwar die Meinungsfreiheit einschließlich der Freiheit von Presse, Rundfunk und Film „ihre Schranken in den Vorschriften der allgemeinen Gesetze" und denen über Jugend- und Ehrenschutz „finden" (Abs. II), nicht aber auch die Freiheit von Kunst und Wissenschaft, Forschung und Lehre (Abs. III), von denen die Respektierung der „allgemeinen Gesetze" nicht weniger erwartet werden muß und denen sie nicht weniger zugemutet werden kann als den Grundrechten des Abs. I. Wie läßt sich verstehen oder gar rechtfertigen, daß Art. 11 II Einschränkungen der Freizügigkeit nur durch Gesetz, nicht auf Grund eines Gesetzes zuläßt, obwohl diese Begrenzung gar nicht durchführbar ist?[1] Warum wird nur in dieser Bestimmung die Verhütung strafbarer Handlungen als Einschränkungsgrund anerkannt, nicht auch bei anderen Grundrechten, bei denen die Kriminalprävention nicht weniger einen Grundrechtseingriff rechtfertigen könnte? Warum läßt Art. 13 die Durchsuchung von Wohnungen nur aus bestimmten Gründen oder zu bestimmten Zwecken zu, gestattet Art. 10 aber die Durchsuchung meiner Post und sonstige Eingriffe in das Brief-, Post- und Fernmeldegeheimnis unbeschränkt, so daß solche Eingriffsermächtigungen (scheinbar) erst an Art. 19 II ihre äußerste Grenze finden? Warum schreiben — nur — Art. 13 II, 97 II und 104 I ausdrücklich die Beachtung der gesetzlichen Formen des Eingriffs bei dessen Vornahme vor, wo doch auch für viele andere Grundrechtseingriffe ebenfalls bestimmte Formen gesetzlich vorgeschrieben sind oder werden können und dann — selbstverständlich — ebenso genau zu beachten sind wie die Formalitäten, die für Durchsuchung, Richterversetzung und -entlassung und Freiheitsentzug normiert sind. Welch halsbrecherischer Kunststücke bedurfte es, um über die Schwierigkeit hinwegzukommen, daß Art. 12 I zwar die Berufsausübung, aber nicht die Berufswahl mit einem Regelungsvorbehalt versehen und der Berufswahlfreiheit auch keine anderen Schranken gesetzt hat! Warum schränkt das „Sittengesetz" nur die freie Entfaltung der Persönlichkeit ein, nicht auch die Religions- und die Meinungsfreiheit und das Eigentum?

---

[1] Dem hat die Neufassung des Art. 11 II durch die Notstandsnovelle (17. Änderungsgesetz) Rechnung getragen.

Sind diese Freiheiten sittlich neutral oder höherwertig als das Sittengesetz, so daß ihre Träger es ignorieren dürften? Diese Fragen, die sich vermehren ließen, zeigen zur Genüge, daß das Grundgesetz einen Schrankenwirrwarr angerichtet, aber kein Schrankensystem errichtet hat, und daß es daher hoffnungslos ist, die Schranken der Grundrechte allein und befriedigend aus dem Wortlaut des Grundgesetzes selbst zu ermitteln. Ebenso ausgeschlossen ist es, ein Schrankensystem oder eine Schrankenlehre zu erarbeiten, die mit den Vorschriften und Formeln des Grundgesetzes völlig übereinstimmt. Jede konsequente oder rechtspraktisch brauchbare Theorie muß zwangsläufig mit dem Wortlaut des Grundgesetzes kollidieren, da dessen Schrankenregelung weder konsequent noch praktikabel ist. Es kann sich vielmehr nur darum handeln, eine solche Lehre zu entwickeln, die erstens den Grundgedanken und Grundwerten des Grundgesetzes entspricht, die zweitens ein Höchstmaß an Praktikabilität verspricht und drittens sich soweit wie möglich dem Gesetzeswortlaut anpaßt. Dabei verstehe ich unter Praktikabilität nicht nur einen so hohen Grad von Genauigkeit der Schrankenbestimmung, daß die Rechtsprechung feste und damit justiziable Maßstäbe erhält, sondern auch eine solche Grenzziehung zwischen Freiheit und Bindung, daß einerseits der Kaiser erhält, „was des Kaisers ist" — und wessen er bedarf, um seine Funktion als Schutzmacht und Sozialstaat zu erfüllen — und daß andererseits der Bürger soviel Freiheit behält, wie ihm belassen werden kann, ohne das Wohl der Allgemeinheit und das seiner Mitbürger zu gefährden, und wie ihm belassen werden muß, wenn die Bundesrepublik ein Gemeinwesen bleiben soll, dessen Grundlagen nach Art. 1 II unverletzliche und unveräußerliche Menschenrechte sind.

II

Die Frage nach der Zulässigkeit von Grundrechtseinschränkungen wäre noch zu Anfang dieses Jahrhunderts, jedenfalls in Deutschland, nicht als Problem verstanden worden — und sie wird, wenn ich recht sehe, in manchen anderen Ländern mit noch älterer Grundrechtstradition auch heute nicht als problematisch angesehen, sondern schlicht und einfach dahin beantwortet, daß die Schranken der Grundrechte und damit die Grenzen der Bürgerfreiheit durch das Gesetz bestimmt werden. Wo das Gesetz der Ausdruck des allgemeinen Willens ist, an dessen Formierung alle Staatsbürger persönlich oder durch ihre Repräsentanten mitzuwirken befugt sind, wie es in der Erklärung der Menschen- und Bürgerrechte von 1789 heißt, da können Gesetz und Bürgerfreiheit nicht in Konflikt geraten; da kann das Gesetz nur Garant der Freiheit, aber nicht ihr Gegner sein. Wo eine Verfassung im Banne der Ideen Rousseaus und in der dieser Ideologie verhafteten Grundrechtstradition Frankreichs steht, da ist kein Raum für den Gedanken, daß die Grundrechte auch den Gesetzgeber binden und beschränken könnten oder gar sollten. Dort erschöpft sich also die Bedeutung der Grundrechte in der Garantie gesetzmäßiger Verwaltung und Justiz, im Vorrang und Vorbehalt des Gesetzes.

1. Diese Institution des Gesetzesvorbehalts bezeichnet zugleich Stärke und Schwäche der Grundrechte: Schutz gewährt er ihnen insofern, als in ein Grundrecht nur durch Gesetz oder auf Grund eines Gesetzes eingegriffen werden darf. Schwäche bewirkt der Gesetzesvorbehalt dadurch, daß er die Grundrechte dem Ein- und Zugriff des Gesetzgebers öffnet. Er schützt sie also nur vor gesetzwidrigen oder gesetzlosen Eingriffen der zweiten und dritten Gewalt, während er sie zur Disposition der ersten Gewalt stellt. Daß diese ihre Dispositionsfreiheit mißbrauchen kann, daß auch und gerade die Legislative die Freiheit des Bürgers bedrohen, beschränken und vernichten kann, und zwar auch dann, ja gerade dann, wenn sie in der Hand des Volkes oder der Volksvertretung liegt, das haben die Liberalen Europas erst begriffen, als es zu spät war; die Nordamerikaner aber haben das schon bei der Gründung ihres Staates gewußt. Ihre Verfassungsväter, die nicht Rousseau, sondern Montesquieu zu ihrem „Chefideologen" erkoren hatten, verstanden die Grundrechte in erster Linie als Schranken des Gesetzgebers. Der Grundrechtskatalog der USA-Verfassung beginnt mit der Bestimmung:

> „Der Kongreß (!) darf kein Gesetz (!) erlassen, das die Einführung einer Religion zum Gegenstand hat, die freie Religionsausübung beschränkt, die Rede- und Pressefreiheit oder das Recht des Volkes einschränkt, sich friedlich zu versammeln und die Regierung durch Petition zur Abstellung von Mißständen zu ersuchen."

Wenn heute in Deutschland, d. h. in seinem freien Teil, die totale Grundrechtsbindung der Legislative in der Verfassung ausdrücklich garantiert und sanktioniert ist, so ist das freilich keine von der stärksten Besatzungsmacht mehr oder weniger oktroyierte Rezeption fremden Verfassungsgutes, sondern ist die Fortentwicklung entsprechender Ansätze in der Weimarer Reichsverfassung von 1919 und ihrer Auslegung durch Lehre und Rechtsprechung. Sie ist ferner und vor allem die Frucht eigener bitterer Erfahrungen mit der Allmacht eines „volksdemokratischen" Gesetzgebers erst faschistischer, dann kommunistischer Provenienz.

Durch die Bindung auch der Gesetzgebung an die Grundrechte wird der Gesetzesvorbehalt nicht beseitigt, aber entschärft. Seine Schutzfunktion als Begrenzung der exekutiven und judikativen Grundrechtseingriffe bleibt voll erhalten; seiner Gefährlichkeit als Instrument legislativer Freiheitsabschnürung dagegen wird durch folgende Vorkehrungen begegnet: Erstens bedarf jede gesetzliche Grundrechtsbeschränkung der verfassungsgesetzlichen Ermächtigung; Grundrechte stehen unter Gesetzesvorbehalt nur, wenn und soweit die Verfassung sie darunter gestellt hat. Zweitens wird ein Gesetzesvorbehalt um so ungefährlicher, je begrenzter er ist. Die Limitierung erfolgt in der Weise, daß die Verfassung normiert, unter welchen Voraussetzungen, in welchem Umfange, aus welchen Gründen, zu welchen Zwecken oder in welchen Formen ein Grundrecht eingeschränkt oder in ein Grundrecht eingegriffen werden darf. Die Limitierungen sind bei den einzelnen Grundrechten verschieden: System der abgestuften Gesetzesvorbehalte. Darüber hinaus kann es — drittens — generelle Limitierungen für alle Gesetzesvorbehalte geben. Schon die französische Grundrechtsdeklaration enthält eine solche allgemeine Begrenzung in dem Satz: „Das Gesetz hat nur das Recht, solche Handlungen zu verbieten, die der Gesellschaft schädlich sind." Unser Grundgesetz zieht eine allgemeine Schrankenschranke in dem Satz, daß „in keinem Falle ein Grundrecht in seinem Wesensgehalt angetastet werden darf" (Art. 19 II). Ebenso unantastbar ist nach Art. 1 I GG die Würde des Menschen, die alle staatliche Gewalt zu achten und zu schützen hat. Dieser meist am falschen Ort zitierte Eingangsartikel unserer Grundgesetze gewährt kein Grundrecht, sondern bezeichnet eine allgemeine „Schranken-

schranke"; er setzt eine Grenze für alle staatlichen Grundrechtseingriffe.

Die Änderung, die durch die Grundrechtsbindung auch des
Gesetzgebers entstanden ist, hat *Herbert Krüger*[2] auf die ein-
prägsame Formel gebracht: Früher galten die Grundrechte nur
nach Maßgabe der Gesetze, heute gelten die Gesetze nur nach
Maßgabe der Grundrechte. Diese Formel scheint mir jedoch der
wahren Gewichtsverteilung zwischen Grundrechten und Gesetz
nicht voll gerecht zu werden. In Wahrheit limitieren sich Gesetz
und Grundrechtsnorm wechselseitig. Das Maß und damit die
Grenzen seiner Freiheit hier und heute erfährt der Bürger zu-
treffend nach wie vor aus den Gesetzen. Aber die freiheits-
beschränkenden Gesetze müssen verfassungsrechtlich, und zwar
grundrechtlich legitimiert sein. Jede durch das Gesetz vorge-
nommene Freiheitsbeschränkung muß durch die Verfassung zu-
gelassen sein. Zu Grundrechtseingriffen der Verwaltung und
Justiz bedarf es daher einer doppelten Ermächtigung: der des
Gesetzes und der der Verfassung — genauer: der Gesetzgeber
bedarf zur Erteilung einer solchen Eingriffsermächtigung seinerseits einer entsprechenden Ermächtigung der Verfassung. Der
Vorbehalt des Gesetzes wird also jetzt ergänzt durch den Vorbehalt der Verfassung. Ja, der Verfassungsvorbehalt kann sogar
den Gesetzesvorbehalt ersetzen: Es ist denkbar und kommt vor,
daß die Verfassung unmittelbar, d. h. ohne Zwischenschaltung
des (einfachen) Gesetzgebers, die Exekutive oder Judikative zu
Grundrechtseingriffen ermächtigt, z. B. in Art. 13 III.

Solch verfassungsunmittelbare Ermächtigung zu Einzelein-
griffen wird freilich die Ausnahme bilden. Häufiger sind dagegen verfassungsunmittelbare Schranken, d. h. normative Freiheitsbeschränkungen durch die Verfassung selbst, die man
auch verfassungsangeordnete Schranken nennen kann — im
Gegensatz zu den verfassungszugelassenen oder verfassungs-
ermächtigten Schranken, die durch subkonstitutionelle Normen,
insbesondere durch Gesetze und Verordnungen, gezogen werden.
Dieser Gegensatz von verfassungsgesetzlichen und einfach-
gesetzlichen, konstitutionellen und subkonstitutionellen Schranken wird aufgehoben, wenn die Verfassung Gesetze oder Normen bestimmten Inhalts zu Schranken eines bestimmten Grund-

---

[2] DVBl. 1950, 624.

rechts erklärt, wie z. B. die „allgemeinen Gesetze" als Schranken der Pressefreiheit und der Kirchenautonomie, oder die Strafgesetze als Schranken der Vereinsfreiheit. Man könnte hier von verfassungsrezipierten oder verfassungsanerkannten Gesetzesschranken sprechen. Schließlich können Verfassungs- und Gesetzesschranken derart kombiniert werden, daß die Gesetzgebung die Aufgabe erhält, eine von der Verfassung prinzipiell gezogene Schranke genauer zu fixieren, zu detaillieren, zu variieren oder differenzieren und vielleicht auch zu modifizieren, wo also die Gesetzgebung, wie auch auf anderen Gebieten, den Auftrag hat, eine Grundsatzentscheidung der Verfassung aus- und durchzuführen. So etwa, wenn es in unserer Verfassung heißt: „Eigentum verpflichtet; sein Gebrauch soll zugleich dem Wohl der Allgemeinheit dienen". Die hier normierte Sozialpflichtigkeit des Eigentums ist eine verfassungsrechtliche Schranke der Eigentumsfreiheit und der Eigentumsgarantie, die aber der gesetzlichen Konkretisierung bedarf, um praktikabel und justiziabel zu werden. *Hans Huber* hat zu dieser pathetischen Formel unserer Verfassung mit berechtigtem Sarkasmus bemerkt: „Eigentum verpflichtet, gewiß. Aber der nüchterne Schweizer möchte wissen, zu was es verpflichtet".[3]

2. Lassen Sie mich noch einmal auf den Verfassungsvorbehalt als Ergänzung des Gesetzesvorbehalts zurückkommen.

In ein Grundrecht darf durch Gesetz oder auf Grund eines Gesetzes nur eingegriffen werden, wenn es die Verfassung erlaubt. Das ergibt sich mit hinreichender Deutlichkeit aus Art. 19 I 1 GG. Aber er sagt nicht, daß diese Erlaubnis ausdrücklich erteilt sein müsse. Vielleicht hat er es so gemeint, aber dann wäre er nicht mehr praktikabel; denn es gibt ja im Grundgesetz Grundrechte ohne jeden Gesetzesvorbehalt, wie z. B. Art. 4, 5 III und 8 I. Es ist jedoch ausgeschlossen, daß die Freiheit des religiösen und weltanschaulichen Bekenntnisses und die ungestörte Religionsausübung oder die Freiheit von Kunst und Wissenschaft, Forschung und Lehre oder die Versammlungsfreiheit unbeschränkt und unbeschränkbar sind. Soll etwa der Mohammedaner um die Mittagsstunde seinen Gebetsteppich auf

---

[3] In: Staat und Privateigentum, Öffentlich-rechtliche Gewährleistung, Beschränkung und Inanspruchnahme privaten Eigentums in sechs Staaten rechtsvergleichend dargestellt (Band 34 der Beiträge zum ausländischen öffentlichen Recht und Völkerrecht), 1960, S. 49 [56].

dem Kurfürstendamm ausbreiten und sich darauf zur Anrufung Allahs niederlassen können, ohne daß sofort die Polizei einschreiten darf und muß? Sollen die Kirchenglocken zu jeder nachtschlafenden Zeit läuten dürfen? Soll beim Bau von Gotteshäusern nicht auf die Stadtplanung Rücksicht genommen und das Baupolizeirecht beachtet werden müssen? Soll Vielweiberei betrieben werden dürfen, weil der Prophet der Sekte sie als göttliches Gebot verkündet? Sollen die Erzeugnisse der Kunst ohne Rücksicht auf Anstand und Sitte und auf den Schutz der Jugend öffentlich dargestellt und dargeboten werden dürfen? Soll der Forscher beim Experimentieren in seinem Labor oder Institut nicht die vorgeschriebenen, notwendigen oder üblichen Sicherheitsvorkehrungen treffen müssen wie jeder Industriebetrieb? Soll die Arbeitszeitordnung nicht auch in den Universitäten und Technischen Hochschulen gelten? Soll man sich auch zu strafbaren oder verfassungsfeindlichen Zwecken oder in einsturzgefährdeten Räumen versammeln dürfen? Und wie will man rechtfertigen, daß so existentiell wichtige Grundrechte wie das Recht auf Leben und auf körperliche Unversehrtheit und die Freiheit der Person, also die Bewegungsfreiheit, nach Art. 2 II GG unter uneingeschränktem Gesetzesvorbehalt stehen, während jeder, auch der beschränkteste Vorbehalt bei Grundrechten von weit geringerem Rang wie der Versammlungsfreiheit und der Kunst- und Wissenschaftsfreiheit fehlen?

Diese Beispiele und diejenigen, die ich zu Anfang gab, zeigen deutlich, daß man die Schranken- und Vorbehaltsregelungen des Grundgesetzes keinesfalls als limitativ oder enumerativ betrachten darf. Das Fehlen eines ausdrücklichen Gesetzesvorbehalts oder einer ausdrücklichen Schranke rechtfertigt nicht den Schluß und begründet auch keine Vermutung dafür, daß das betreffende Grundrecht unbeschränkt und unbeschränkbar sei. Es gibt außer der Glaubens- und Gewissensfreiheit überhaupt kein unbeschränktes Grundrecht, weil es in einem Rechts- und Sozialstaat keine schrankenlose Freiheit geben kann. Sobald der Gegenstand der Freiheit ein zwischenmenschliches Verhalten ist, sobald es darum geht, was der Bürger gegenüber seinen Mitbürgern, gegenüber der Gesellschaft oder dem Staat darf — und nur solche Freiheiten mit Sozialkontakt oder Außenwirkung interessieren den Juristen und können Gegenstand verfassungsrechtlicher Ordnung sein —, sobald also die Individualsphäre überschritten wird, sind Einschränkungen unerläßlich, schon um allen die gleiche Freiheit zu gewährleisten. Daher kann es sich nicht darum handeln, die vom Grundgesetz nicht mit Schranken oder Gesetzesvorbehalten bekleideten Grundrechte in dieser ihrer Nacktheit zu erhalten oder gar zu bewundern, sondern es geht darum, ihre Blöße angemessen zu bedecken. Die nötigen Stoffe und Modelle für diese Schneiderarbeit liefern uns einesteils die anderen, die schrankenbewehrten Grundrechte, zum anderen Teil entnehmen wir sie dem Fundus der allgemeinen Rechtslehre.

III

Auf dieser Grundlage will ich im folgenden einige teils geschriebene, teils ungeschriebene Schranken behandeln, die von Bundesverfassungs wegen teils allen Grundrechten, teils einer wesentlichen Gruppe von ihnen gezogen sind oder sein könnten: die Rechte Dritter — das Sittengesetz — das Mißbrauchsverbot — die öffentliche Sicherheit und Ordnung, also die polizeiliche Generalklausel oder die Polizeipflichtigkeit — das Gemeinwohl oder öffentliche Interesse — die verfassungsmäßige Ordnung und der Bestand der Bundesrepublik — das Verbot der Friedensstörung und die Allgemeinen Gesetze.

Diese Aufzählung ist nicht als Addition zu verstehen. Die hier schlagwortartig aufgezählten Schranken ergänzen sich nicht nur, sondern einige überschneiden sich offensichtlich. Doch lassen sich zwei Hauptgruppen erkennen: Freiheitsbeschränkungen motivieren sich aus zwei Hauptgründen und zielen in zwei Hauptrichtungen: Sie dienen entweder dem Schutz anderer Freiheitsträger oder den Interessen des Staates — entweder dem socius oder der societas, entweder dem concivis oder der civitas; sie schützen entweder fremde Privatinteressen oder öffentliche Interessen — wobei freilich der Schutz des Mitbürgers zugleich im öffentlichen Interesse liegen kann.

1. Unsere Verfassung beginnt ihre Schrankenaufzählung mit den Rechten Dritter, an denen die freie Entfaltung der Persönlichkeit, die als allgemeine Handlungsfreiheit verstanden wird, ihre Schranken finden soll. Damit wird nicht nur klargestellt, daß die Grundrechte keine sogenannte Drittwirkung haben,

sich also nur gegen den Staat, nicht auch gegen die Mitbürger richten. Vielmehr wird durch die Garantie der Rechte Dritter auch die Freiheit des Bürgers von der Staatsgewalt beschränkt. Die Drittrechtsgarantie der Verfassung bedeutet nämlich dies: Niemand, der in die Rechte eines Mitbürgers eingreift, kann sich zur Rechtfertigung seines Eingriffs auf ein Grundrecht berufen — weder gegenüber dem Dritten noch gegenüber dem Staat, der ihn wegen dieser Verletzung Dritter zur Verantwortung zieht. Die Schranke der Rechte Dritter berechtigt daher den Staat auch zu legislativen, exekutiven und judikativen Maßnahmen zur Wiederherstellung der verletzten Rechte Dritter und damit zur Zurückweisung des Verletzers in die Schranken seiner Freiheit, die er durch die Verletzung des Dritten überschritten hat.

Freilich muß der Dritte in seinen Rechten verletzt sein. Bloße Interessenverletzung, bloße Schädigung oder Benachteiligung des Dritten reichen nicht aus. Mitbürger-Schädlichkeit genügt als Rechtsschranke der Freiheit genausowenig wie die Gemein-(wohl)schädlichkeit, die, wie wir sehen werden, zwar immer wieder als Grundrechtsschranke bemüht wird, aber dazu nicht taugt. Neminem laede! heißt das Freiheitsüberschreitungsverbot — nicht: neminem noce oder neminem tange!

2. Die zweite Schranke ist das Sittengesetz. Es erscheint im Grundgesetz als Grenze der freien Persönlichkeitsentfaltung (Art. 2 I). In Wahrheit handelt es sich um eine allen Grundrechten gemeinsame Schranke. Das Sittengesetz überlagert und begrenzt die gesamte innerstaatliche Rechtsordnung. So wie nach Zivilrecht ein gegen die guten Sitten verstoßendes Rechtsgeschäft nichtig ist (§ 138 BGB), wie jede vorsätzliche sittenwidrige Schädigung zum Schadensersatz verpflichtet (§ 826 BGB) und wie nach den Kollisionsnormen ein ausländisches Gesetz im Inland nicht angewandt werden darf, wenn die Anwendung gegen die guten Sitten verstoßen würde (Art. 30 EGBGB), so kann sich auch niemand auf ein Grundrecht zur Rechtfertigung sittenwidrigen Verhaltens berufen. Ebenso ist die sittenwidrige Ausübung eines Grundrechts unzulässig.

Das Sittengesetz ist nicht nur verfassungsunmittelbare Schranke, sondern deckt auch verfassungsmittelbare Grundrechtsbeschränkungen des Gesetzgebers. Dieser kann bestimmte Verhaltensweisen wegen ihres unsittlichen Charakters verbieten;

und er kann sie gebieten, weil das Sittengesetz sie erfordert. Die Verfassungsschranke des Sittengesetzes ist somit zugleich Verfassungsermächtigung für Grundrechtseingriffe des Gesetzgebers, welche die Übereinstimmung mit dem Sittengesetz sichern oder wiederherstellen. Zu solchen Eingriffen kann der Gesetzgeber seinerseits Verwaltung und Justiz ermächtigen, wiederum auf Grund der verfassungsunmittelbaren und allgemeinen Schranke des Sittengesetzes. Doch dient solche Gesetzgebung nur der Positivierung, Deklarierung, Konkretisierung und Spezifizierung dessen, was das Sittengesetz in den verschiedenen Grundrechtsbereichen fordert oder verbietet. Sie muß sich daher, wenn sie keinen anderen Verfassungstitel beizubringen vermag, verfassungsgerichtlich darauf nachprüfen lassen, ob ihre Auslegung des Sittengesetzes zutrifft; doch mag ihr — und muß wohl — dabei ein gewisser Beurteilungsspielraum zugebilligt werden.

3. Eine mit dem Sittengesetz verwandte Schranke ist das Schikaneverbot. „Die Ausübung eines Rechts ist unzulässig, wenn sie nur den Zweck haben kann, einem anderen Schaden zuzufügen", heißt es in § 226 BGB. Aber das ist keine spezifisch zivilrechtliche Regelung, sondern ein allgemeiner Rechtsgrundsatz, der auch im öffentlichen Recht gilt, also auch die Ausübung aller Grundrechte beschränkt. Alle Grundrechte stehen unter Schikaneverbot, das hier lautet: Die Ausübung eines Grundrechts ist unzulässig, wenn sie nur bezweckt, einen anderen oder die staatliche Gemeinschaft zu schädigen.

Da diese Schranke nur im konkreten Einzelfall akut werden kann, gibt sie — anders als die Schranke des Sittengesetzes — keine Ermächtigung für gesetzgeberische Grundrechtseingriffe oder -beschränkungen. Deren bedarf es auch nicht, um dem Schikaneverbot Achtung zu verschaffen; denn es ist ohnedies durch das Zivil-, Straf- und Polizeirecht ausreichend sanktioniert.

4. Die Schikane im Rechtssinne ist eine Erscheinungsform des Rechtsmißbrauchs. Damit kommen wir zur vierten Generalschranke, dem Mißbrauchsverbot.

Rechtsmißbräuchlich handelt, wer von einem Recht zu anderem Zwecke Gebrauch macht, als wozu es ihm verliehen ist. Der Rechtsmißbrauch ist nach heutiger Rechtsanschauung nicht nur rechtsschutzlos, sondern rechtswidrig. Dieser Satz gilt als allgemeiner Rechtsgrundsatz wiederum nicht nur im Privatrecht, sondern auch im öffentlichen Recht. Und hier, im öffentlichen Recht, begrenzt das Mißbrauchsverbot nicht nur die staatliche Machtausübung gegenüber dem Bürger; Hauptanwendungsfall ist hier das Verbot des Ermessensmißbrauchs, der dann vorliegt, wenn von dem Ermessen in einer dem Zweck der Ermächtigung nicht entsprechenden Weise Gebrauch gemacht wird.[4] Vielmehr gilt die Mißbrauchsschranke auch für die Ausübung der Grundrechte und sonstigen Rechte des Bürgers gegenüber dem Staat. So wenig der Staat seine Gewalt, so wenig darf der Bürger seine Freiheit mißbrauchen.

Auch die Mißbrauchsschranke ist eine Grundrechts-Ausübungsschranke. Mißbräuchlich ist der Gebrauch eines Grundrechts, wenn er gegen dessen Sinn und Zweck verstößt.

a) Die Meinungsfreiheit stellte schon die französische Grundrechtsdeklaration unter den „Vorbehalt der Verantwortlichkeit für den Mißbrauch dieser Freiheit in den durch das Gesetz bestimmten Fällen". Hier erscheint also der Grundrechtsmißbrauch als Legitimation und zugleich als Limitation eines Gesetzesvorbehalts. Unsere Verfassung dagegen knüpft an eine bestimmte Art des Mißbrauchs bestimmter Grundrechte die stärkste und dem bisherigen Verfassungsrecht unbekannte Sanktion: den Verlust des Grundrechts. Nach Art. 18 GG verwirkt die Meinungs- oder Pressefreiheit, die Versammlungs- oder Vereinsfreiheit, das Brief- oder Postgeheimnis, das Eigentums- oder Asylrecht, wer es zum Kampfe gegen die freiheitliche demokratische Grundordnung mißbraucht, wobei die Entscheidung über die Verwirkung und ihr Ausmaß dem Bundesverfassungsgericht vorbehalten ist. Der gleiche Mißbrauchstatbestand verfassungsfeindlicher Betätigung oder Bestrebung führt bei politischen Parteien und bei Vereinen und Gesellschaften zu deren Verbot und damit zum Verlust der ihnen garantierten Freiheiten und Rechte, Art. 9 II, 21 II GG. Die Benutzung bürgerlicher oder politischer Freiheiten zum Kampf gegen den Staat und seine Verfassungsordnung ist ein typischer Mißbrauchsfall; denn die Freiheitsrechte dienen der Erhaltung und Entfaltung der bürgerlichen und politischen Freiheit im Staat, nicht ihrer Beseitigung. Daher „keine Freiheit den Feinden der Freiheit!"

---

[4] Vgl. § 114 VwGO; § 120 FGO; § 54 II 2 SGG; § 28 III EGGVG.

b) Weitere Beispiele des Grundrechtsmißbrauchs: Kein Presse-
organ kann sich auf die Pressefreiheit, kein Publizist auf die
Publikationsfreiheit, kein Informationsorgan auf die Informationsfreiheit berufen, um Unwahrheiten zu verbreiten. Denn
die Pressefreiheit wie die Meinungsfreiheit und die Freiheit
von Wissenschaft, Forschung und Lehre bezwecken die Er-
hellung und Entwicklung des menschlichen Geistes; sie dienen
der Aufklärung, der Gewinnung besserer Einsichten; sie stehen
daher notwendig im Dienst und unter dem Gebot der Wahrheit,
deren Erkenntnis und Vermittlung sie erstreben müssen. Die
Informationsfreiheit beschränkt infolgedessen weder die Straf-
barkeit wissentlich falscher Nachrichten noch die Pflicht zur
Berichtigung objektiv falscher Behauptungen. Doch muß die
Presse- und Berichterstattungsfreiheit nicht vor jeder objek-
tiven Unrichtigkeit cessieren. Vielmehr kann sie deren
Verbreitung rechtfertigen oder entschuldigen, wenn die Unrichtigkeit nicht erkannt wurde. Konnte sie erkannt werden, so
kann die Verbreitung unter Umständen gleichwohl durch die
Pressefreiheit gedeckt sein, nämlich — vielleicht — durch das
Bedürfnis nach rascher Information, die genaue Vorprüfung
ausschließt; der Interessenausgleich findet dann durch Berichtigung und Schadensersatz statt.

Wichtig wird die Mißbrauchsgrenze ferner bei der Koalitionsfreiheit: Sollte sie auch das Recht zum Arbeitskampf enthalten,
also auch Streik und Aussperrung freigeben, so würde dieses
Grundrecht durch einen politischen Streik wie durch jeden anderen Arbeitskampf mißbraucht, der nicht „zur Wahrung und
Förderung der Arbeits- und Wirtschaftsbedingungen" geführt
wird; denn nur zu diesem Zwecke gewährt unsere Verfassung
die Koalitionsfreiheit.[5]

Sollte die Arbeits- und Berufsfreiheit auch das Recht ein-
schließen, nicht zu arbeiten und keinen Beruf auszuüben, so
würde diese negative Freiheit doch mißbraucht von dem
Arbeitsfähigen, der durch seine Untätigkeit der Öffentlichkeit
zur finanziellen Last fällt. Denn nicht um der Faulheit oder des
süßen Nichtstuns willen gewährt Art. 12 I GG die Arbeits-,
Berufs- und Ausbildungsfreiheit, sondern um der „freien Ent-

---

[5] Vgl. den durch die Notstandsnovelle angefügten Satz 3 des Art. 9 III
GG.

faltung seiner Persönlichkeit" willen, zur Entwicklung und Nutzung der schöpferischen Energien des Menschen. Der seine Fähigkeiten und Kräfte entfaltende Mensch, nicht der Parasit, ist das Menschenbild unserer Verfassung. Daher hindert die Arbeitsfreiheit Gesetzgebung und Verwaltung nicht, demjenigen die „Sozialhilfe" zu versagen, der zumutbare Arbeit nicht aufnimmt.

c) Gegenüber diesen — vermehrbaren — Beispielen wird vermutlich eingewendet werden, es handele sich hier nicht um Beschränkungen der Freiheit, sondern um Grenzen ihres Inhalts, um „immanente Schranken", die sich schon aus dem Wesen der jeweiligen Grundrechte ergäben — etwa dahin, daß die Informationsfreiheit nur die Freiheit wahrheitsgemäßer Berichterstattung umfasse, die Koalitionsfreiheit nur den wirtschaftlich motivierten Arbeitskampf, die Berufsfreiheit nicht die Untätigkeit aus Arbeitsscheu. In der Tat ist es ein alter Streit in der Zivilrechtslehre vom Rechtsmißbrauch, ob die Schranken der Rechtsausübung sich aus dem Inhalt des Rechts ergeben und dieses mitbestimmen (Innentheorie) oder von außen her an das subjektive Recht herangetragen werden, seine Ausübung im Einzelfall einengen oder eingrenzen, seinen Inhalt dagegen unberührt lassen (Außentheorie). Dieser Theorienstreit, der hier im Verfassungsrecht wie dort im Zivilrecht ausgesprochen begriffsjuristische Züge trägt, bedarf in unserem Zusammenhang keiner Entscheidung. Mir genügt, daß der Grundrechtsmißbrauch im Sinne sinn- und zweckwidriger Grundrechtsausübung überhaupt als unzulässig anerkannt wird, mag man das Mißbrauchsverbot nun als (innere) Grenze oder (äußere) Schranke betrachten.

d) Auch als Schranke ist das Mißbrauchsverbot verfassungsunmittelbar, d. h. es ist ein Bestandteil des Verfassungsrechts. In seiner Allgemeinheit ist es ein ungeschriebener Verfassungsgrundsatz, der aber in einzelnen Beziehungen in der Verfassungsurkunde positiviert ist, wie in Art. 18 und 21 GG. Weitere Positivierungen kann der (einfache) Gesetzgeber vornehmen: Er kann bestimmte Fälle einer Grundrechtsausübung wegen Mißbräuchlichkeit verbieten oder behindern, er kann dazu auch Verwaltung und Justiz ermächtigen. Für diese mißbrauchsbekämpfende Gesetzgebung gilt das gleiche, was oben über die gesetzliche Positivierung, Konkretisierung und Spezifizierung des Sittengesetzes als einer Grundrechtsschranke gesagt wurde.

5. Vielfach faßt man den Begriff des Rechtsmißbrauchs weiter, als ich es hier getan habe; mit dem Mißbrauchsbegriff wird ja viel Mißbrauch getrieben. Ich definiere ihn, im Anschluß an die französische Doktrin vom l'abus de droit und in Übereinstimmung mit dem gesetzlich festgelegten Begriff des Ermessensmißbrauchs[4], als Ausübung eines Grundrechts aus Gründen oder zu Zwecken, die der ratio legis des betreffenden Grundrechts nicht entsprechen. Nur den in diesem strengen Sinne verstandenen und damit justiziablen Mißbrauch möchte ich als Grundrechtsschranke anerkennen — nicht alles, was sonst noch unter Laien oder Juristen als Mißbrauch verstanden werden mag.

a) Insbesondere genügt mir als Grundrechtsschranke nicht schon der Grundsatz von Treu und Glauben, obwohl auch er eine typische Rechtsausübungsschranke darstellt, und auch wenn der Rechtsmißbrauch nur ein Unterfall des Verstoßes gegen Treu und Glauben sein sollte, was m. E. jedoch nicht zutrifft. Damit will ich nicht die Geltung von Treu und Glauben im öffentlichen Recht in Frage stellen, nicht einmal für das Verfassungsrecht. Aber speziell als Grundrechtsschranke erscheint mir diese Generalklausel nicht geeignet. Sie paßt sowohl nach ihrem Inhalt wie wegen ihrer Weite und Unbestimmtheit nicht für die spezifische Problematik der Grundrechtseinschränkung: für die Abgrenzung und den Ausgleich zwischen Bürger und Staat, zwischen Freiheit und Zwang, zwischen Individualinteresse und Gemeinwohl. Hierfür brauchen und haben wir andere Generalklauseln, sofern wir in diesem Bereich überhaupt mit Generalklauseln statt mit Spezialschranken operieren wollen und dürfen. Die Treue- und Glaubensklausel des Zivilrechts ist auf den Rechtsverkehr zugeschnitten, weshalb unser Bürgerliches Gesetzbuch überall die „Rücksicht auf die Verkehrssitte" hinzufügt. Für das Staat-Bürger-Verhältnis ist die Korrespondenzbestimmung vielmehr die polizeiliche Generalklausel: Hat im Rechtsverkehr jeder sich so zu verhalten, wie Treu und Glauben mit Rücksicht auf die Verkehrssitte es erfordern, so hat in der staatlichen Gemeinschaft der Bürger sich so zu verhalten, daß die öffentliche Sicherheit und Ordnung nicht gestört oder gefährdet werden. Dieses polizeiliche oder öffentlich-rechtliche Störungs- und Gefährdungsverbot gilt auch für jede Grund-

rechtsausübung: Sie wird durch die Pflicht zur Wahrung der
öffentlichen Sicherheit und Ordnung und damit durch das
Verbot ihrer Störung und Gefährdung beschränkt.

b) Daß alle Grundrechte unter dem Vorbehalt polizeirecht-
licher Beschränkung stehen, ist in der Schweiz anerkannt,
obwohl die öffentliche Ordnung als Grundrechtsschranke ausdrücklich nur in Art. 50 der Bundesverfassung erscheint. In
unserer Verfassung tritt sie ebenfalls nur bei einzelnen Grundrechten auf, teilweise sogar nur in speziellen Ausformungen,
wie z. B. als Bekämpfung der Seuchengefahr, als Kriminalprävention oder als Schutz gefährdeter oder verwahrloster
Jugend.[6] Wenn Art. 13 III GG als weiteres Beispiel einer polizeilichen Gefahrenabwehr auch die Behebung der Raumnot
anführt, dann überschreitet er damit freilich in grober Weise die
Polizeigrenze. Die öffentliche Wohnraumbewirtschaftung ist
gerade keine polizeiliche Aufgabe, weil keine Gefahrenabwehr,
sondern ist eine typische Form staatlicher Wirtschaftsinterven-
tion und somit staatlicher Wohlfahrtspflege[7], die von der Gefahrenabwehr streng geschieden wird. Der Polizeibegriff ist
beschränkt auf die Abwehr von Störung und Gefährdung der
öffentlichen Sicherheit und Ordnung.

6. Nur die so verstandene Polizeiklausel eignet sich als
generelle Grundrechtsschranke. Sobald man die Grenze zur
öffentlichen Wohlfahrtspflege überschreitet, landet man un-
weigerlich beim Gemeinwohlvorbehalt. Das öffentliche, allgemeine oder staatliche Interesse aber bildet keine generelle
Grundrechtsschranke. „Salus publica suprema lex" mag als
politische Maxime selbst im Rechtsstaat volle oder teilweise
Berechtigung haben — als Rechtssatz, insbesondere als Grund-
rechtschranke, ist die Formel unbrauchbar. Vielmehr ist es in
einem freiheitlichen Gemeinwesen gerade die Aufgabe des Ver-
fassungs- und des Gesetzgebers, Gemeinwohl und Einzelwohl,
Eigennutz und Gemeinnutz in tunlichste Übereinstimmung zu
bringen, und, wo das nicht möglich ist, die Grenze zu bestim-
men, bis zu der der Bürger sein „Interesse" dem Gemeinwohl
aufzuopfern hat.

---

[6] Art. 6 III, 11 II, 13 III GG.
[7] RG JW 1928, 1043; 1930, 758; PrOVG 76, 470; 77, 466.

a) Deshalb können wir auch nichts mehr anfangen mit der Formel von 1789: „Das Gesetz hat nur das Recht, solche Handlungen zu verbieten, die der Gesellschaft schädlich sind". Gesellschaftsschädlichkeit ist als Grundrechtsschranke weder nötig noch ausreichend. Sie reicht nicht aus, weil auch die Individualschädlichkeit, nämlich für einen Dritten, der Freiheit Schranken ziehen kann. Umgekehrt rechtfertigt nicht jede Gesellschaftsschädlichkeit Grundrechtseingriffe, sondern nur Schäden bestimmter Art und bestimmten Grades, wobei die Bestimmung weitgehend der Ermessensentscheidung des Gesetzgebers anheimgestellt bleiben muß. Auch als Gemeinschädlichkeitsvorbehalt ist der Gemeinwohlvorbehalt keine verfassungsrechtlich brauchbare und vertretbare Grundrechtsschranke.

b) Er wird es auch nicht dadurch, daß man ihn auf die „elementaren" oder unerläßlichen, notwendigen oder wesentlichen Forderungen des Gemeinwohls reduziert. Zwar arbeitet mit einer ähnlichen Formel das Bundesverfassungsgericht[8] bei der Gewerbefreiheit: Danach soll die Freiheit der Berufswahl „nur eingeschränkt werden können, soweit der Schutz besonders wichtiger Gemeinschaftsgüter es zwingend erfordert", während die Freiheit der Berufsausübung nach Ansicht des Bundesverfassungsgerichts „schon beschränkt werden kann, soweit vernünftige Erwägungen des Gemeinwohls es zweckmäßig erscheinen lassen". Aber das Bundesverfassungsgericht hat die Notwendigkeit oder Nützlichkeit für das Gemeinwohl nicht als verfassungsrechtliche Grundlage gesetzlicher Berufsbeschränkungen, sondern als deren Begrenzung angesehen, also nicht als Schranke der Berufsfreiheit, sondern als Grenze ihrer Beschränkbarkeit.

In der Tat ist dies die grundrechtliche Bedeutung des Gemeinwohlvorbehalts: Jede zugunsten der Allgemeinheit normierte, also öffentlich-rechtliche Freiheitsbeschränkung muß sich durch ein das Individualinteresse des Freiheitsträgers überwiegendes öffentliches Interesse legitimieren, und das Ausmaß dieses öffentlichen Interesses bestimmt das Ausmaß der Freiheitsbeschränkung, deren Zulässigkeit somit durch die Stärke des Gemeinschaftsinteresses limitiert ist. Das Gemeinwohl kann Grundrechtsbeschränkungen legitimieren und limitieren, aber

---

[8] BVerfGE 7, 377.

nicht konstituieren; die Konstituierung obliegt vielmehr dem Gesetzgeber. Die Grundrechte stehen somit nicht ipso jure unter dem Vorbehalt ihrer Gemeinwohlverträglichkeit und ihrer Einschränkung im öffentlichen Interesse; vielmehr steht umgekehrt ihre Einschränkbarkeit verfassungsrechtlich unter dem Vorbehalt, daß die Einschränkung oder der Eingriff für das Gemeinwohl nötig oder nützlich ist. Das Gemeinwohl oder öffentliche Interesse ist nicht Schranke, sondern Schrankenschranke der Grundrechte.

Das zeigt sich beispielhaft bei der Enteignung. Sie ist nach Art. 14 III GG nur zum Wohle oder zum Nutzen der Allgemeinheit zulässig. Diese Gemeinnützigkeit aber genügt nicht zur Rechtfertigung einer Enteignung, sondern sie tritt als weiteres Erfordernis zu der primären Voraussetzung einer gesetzlichen Enteignungsermächtigung hinzu, die somit durch das Erfordernis eines konkreten öffentlichen Zweckes begrenzt wird.

7. Das für den Gemeinschaftsvorbehalt Gesagte gilt auch für das mit ihm zusammenhängende Sozialstaatsprinzip, das im Grundgesetz an hervorragender Stelle zweimal verankert ist: durch die Bezeichnung der Bundesrepublik als sozialer Bundesstaat und als sozialer Rechtsstaat (Art. 20 I, 28 I). So wichtig diese Aussage als Leitbildbestimmung und Auslegungsregel ist, so vermag doch sie allein weder verfassungsunmittelbare Pflichten des Bürgers und damit Schranken seiner Freiheit(en) noch verfassungsunmittelbare Rechte des Staates zu Grundrechtseingriffen zu begründen. Ob und wieweit der Staat aus sozialpolitischen Gründen und zu sozialpolitischen Zwecken in Grundrechte eingreifen darf, das bestimmt sich nach den geschriebenen oder ungeschriebenen Schranken, die dem betroffenen Grundrecht durch die Verfassung gezogen sind. Nur nach Maßgabe und unter Respektierung der Grundrechte kann und darf der Staat Sozialpolitik treiben; denn der Sozialstaat unserer Verfassung ist und bleibt ein sozialer Rechtsstaat. Nur in den Grenzen und in den Formen des Rechtsstaats ist er und darf er Sozialstaat sein. Erst wenn es um die Frage geht, ob ein verfassungsmäßig zugelassener Grundrechtseingriff durch das Gemeinwohl postuliert oder doch legitimiert ist, wird die Sozialstaatsklausel wichtig, weil sie die soziale Fürsorge und den sozialen Ausgleich zu legitimen Staatsaufgaben erklärt. Eine selbständige und verfassungsunmittelbare Eingriffs- oder Be-

schränkungsermächtigung enthält die Sozialstaatsklausel dagegen nicht.

Die Sozialpflichtigkeit und die Gemeinwohlpflichtigkeit des Bürgers können auch deshalb keine verfassungsrechtliche Freiheitsschranke bilden, weil sie viel zu unbestimmt und daher nicht justiziabel sind. Sie bedürfen notwendigerweise der gesetzlichen Konkretisierung. Die Einschaltung des Gesetzgebers ist hier aus rechtsstaatlichen wie aus demokratischen Gründen gleichermaßen unentbehrlich. Seine auch nur teilweise Ausschaltung würde das Parlament in seiner Kernfunktion treffen und den Volksstaat in einen Justizstaat verwandeln.

8. Die öffentliche Sicherheit und Ordnung dagegen sind zwar auch relativ unbestimmte, aber doch hinreichend bestimmbare und justiziable Begriffe. Die polizeiliche Generalklausel hat durch eine umfangreiche Rechtsprechung und durch eine lange Rechts- und Verwaltungstradition eine so feste Gestalt und Begrenzung gewonnen, daß sie als verfassungsunmittelbare Schranke und Eingriffsermächtigung dienen kann, ohne Freiheit und Rechtssicherheit ernstlich zu gefährden.

a) „Öffentliche Sicherheit und Ordnung", die der Bürger bei und durch Gebrauch seiner Grundrechte nicht stören und nicht gefährden darf, sind nicht deskriptive, sondern normative, also Wertbegriffe. Für ihre Auslegung, die in vollem Umfange gerichtlich nachprüfbar ist, hat man daher von der Wertordnung der Verfassung auszugehen, wie denn die „öffentliche Ordnung" mit der „verfassungsmäßigen Ordnung" harmonieren muß. Die Verfassungsordnung aber ist wiederum durch die Grundrechte geprägt: sie ist freiheitlich, demokratisch, rechts- und sozialstaatlich, auf Freiheit und Gleichheit gegründet. Damit wirken die Grundrechte in die polizeiliche Generalklausel hinein, welche sie begrenzen soll. Es besteht also eine Wechselwirkung zwischen den Grundrechten und der öffentlichen Sicherheit und Ordnung. Diese begrenzen zwar einerseits die Grundrechte; aber diese Grundrechte beeinflussen ihrerseits wieder die Auffassung über das, was die öffentliche Sicherheit und Ordnung vom Bürger verlangen und erwarten darf. Die Störungsgrenze wird in einem freiheitlich verfaßten Gemeinwesen später erreicht als in einem autoritären oder totalitären Staat und früher in einem Staat, der weniger freiheitlich ist als die Bundesrepublik.

b) Die Frage nach der Polizeifestigkeit der Grundrechte ist also dahin zu beantworten: Kein Grundrecht berechtigt zur Störung oder Gefährdung der öffentlichen Sicherheit oder Ordnung. Die Polizeipflicht ist Schranke jeder Grundrechtsausübung. In diese Schranken kann die Polizei den Störer zurückweisen und mindestens insoweit in das polizeiwidrig ausgeübte und damit überschrittene Grundrecht eingreifen. Ob sie darüber hinaus zur Wiederherstellung der gestörten Sicherheit oder Ordnung auch noch in andere Grundrechte des Störers oder gar in Grundrechte Dritter, also eines Nichtstörers, ohne ausdrückliche und formellgesetzliche Ermächtigung eingreifen kann, darüber wird noch gestritten[9]. Unzweifelhaft ist aber die verfassungsunmittelbare Befugnis der Polizei- oder Ordnungsbehörden zur Zurückweisung des Bürgers in die Schranken polizeimäßigen Verhaltens. Natürlich kann der Gesetzgeber diese Aufgabe der Schrankenverweisung in bestimmten Bereichen anderen Behörden zuweisen, insbesondere den Gerichten vorbehalten und insoweit der Polizei entziehen, wie es z. B. bei der Bewegungsfreiheit und der Pressefreiheit weitgehend der Fall ist. Man kann bestimmte Grundrechte allen oder bestimmten Eingriffen der Polizeibehörden entziehen. Aber eine solche Zuständigkeitsverlagerung begründet nur eine formelle Polizeifestigkeit von Grundrechten und ändert an der materiellen Polizeipflichtigkeit nichts. Materiellrechtlich ist kein Grundrecht polizeifest, sondern jede Grundrechtsausübung und jeder Grundrechtsträger steht unter der Verpflichtung, die öffentliche Sicherheit und Ordnung weder zu stören noch zu gefährden.

9. Wem das zu weit geht, wer also nicht die gesamte öffentliche Sicherheit und Ordnung als Ausübungsschranke aller Freiheitsgrundrechte gelten lassen will, der muß doch wenigstens den Kernbereich der polizeilichen Generalklausel als Freiheitsgrenze anerkennen: die Staatssicherheit und den Verfassungsschutz. Nicht nur politische Parteien, sondern alle Vereinigungen, die „nach ihren Zielen oder nach dem Verhalten ihrer Anhänger darauf ausgehen, die freiheitliche demokratische Grundordnung zu beeinträchtigen oder zu beseitigen oder den

---

[9] Vgl. *Dürig* AöR 79, 57 [86] und in *Maunz-Dürig*, Art. 2 I Rdnr. 75 ff.; *Lerche*, Übermaß und Verfassungsrecht, 1961, S. 117 ff. m. zahlreichen Nachw.; zurückhaltend *Herbert Krüger* DVBl. 1953, 97 [99].

Bestand der Bundesrepublik zu gefährden", sind verfassungswidrig und verboten — und ebenso ist es jedes entsprechende
staats- und verfassungsfeindliche oder -gefährdende Verhalten
des Bürgers. Art. 21 II 1 enthält zwei verfassungsunmittelbare
Schranken *jeder* Grundrechtsausübung, nicht nur der Parteien-
freiheit. Das wird für die Verfassungsordnung dadurch be-
stätigt, daß sie bei mehreren Grundrechten ausdrücklich als
Schranke aufgeführt wird: bei der allgemeinen Handlungsfreiheit, der Lehrfreiheit, der Vereinsfreiheit und der richter-
lichen Unabhängigkeit. Aber auch der nur in Art. 21 II er-
scheinende Bestand der Bundesrepublik, also der äußere Staats-
schutz muß als allgemeine, d. h. allen Grundrechten gemeinsame
Schranke angesehen werden, weil mit dem Ende des die Grundrechte verbürgenden Staates auch die Verbürgung endet. Daher
stellt die Benutzung von Grundrechten zum Kampf gegen den
Bestand des Staates und seiner freiheitlichen demokratischen
Grundordnung zugleich einen Mißbrauch der Grundrechte dar,
wie wir schon feststellten.

10. Das Verbot des Verfassungskampfes dient dem inneren
Frieden. Doch auch die Erhaltung des äußeren Friedens zieht
den Grundrechten Schranken. Nach Art. 9 II sind auch solche
Vereine verboten, die sich gegen den Gedanken der Völkerverständigung richten. Politische Parteien mit solcher Tendenz
können schwerlich anders behandelt werden, obwohl Art. 21 II
diesen Verbotsgrund des Vereinsrechts nicht übernommen hat.
Darüber hinaus steht jede Grundrechtsausübung unter dem Verbot der Friedensstörung des Art. 26 I. Danach sind „alle (!)
Handlungen, die geeignet sind und in der Absicht vorgenommen
werden, das friedliche Zusammenleben der Völker zu stören,
insbesondere die Führung eines Angriffskrieges vorzubereiten,
verfassungswidrig und unter Strafe zu stellen", mithin verboten. Dieser Art. 26 enthält also eine verfassungsunmittelbare
Schranke aller Grundrechte. Er zieht damit die rechtliche Kon-
sequenz aus dem politischen Friedensbekenntnis des Grundgesetzes in seiner Praeambel und vor allem in seinem Art. 1 II,
wo die Menschenrechte als „Grundlage" auch „des Friedens in
der Welt" bezeichnet werden.

11. Als letzte und problematischste Schranke möchte ich die
allgemeinen Gesetze behandeln, an denen nach Art. 5 II GG die
Meinungsfreiheit, die Pressefreiheit und die Freiheit der Be-

richterstattung durch Rundfunk und Film ihre Schranken finden.

a) Zunächst: Der Vorbehalt der allgemeinen Gesetze ist kein allgemeiner Gesetzesvorbehalt. Die Pressefreiheit steht nicht unter dem Vorbehalt beliebiger gesetzlicher Einschränkungen und Eingriffe, sondern nur unter dem Schrankenvorbehalt von Gesetzen bestimmter Qualifikation, nämlich „allgemeiner Gesetze". Aber ist das nicht Spiegelfechterei, wo es doch zum Wesen des Gesetzes gehört, daß es allgemeinverbindlich, daß es generell und abstrakt ist? Art. 19 I 1 GG sagt ausdrücklich, daß jedes Gesetz, das ein Grundrecht einschränkt oder zur Grundrechtseinschränkung ermächtigt, allgemein sein muß und nicht nur für den Einzelfall gelten darf. Diese Allgemeinheit als Essentiale des rechtsstaatlichen Gesetzesbegriffs kann also nicht gemeint sein, wenn die Verfassung bestimmt, daß die Pressefreiheit ihre Schranken an den allgemeinen Gesetzen findet. Hier steht das allgemeine Gesetz nicht im Gegensatz zum Individualgesetz, also zum Einzelfall- und zum Einzelpersonengesetz, sondern hier wird abgestellt auf den Gegensatz der lex generalis zur lex specialis. Allgemeine Gesetze als Schranken der Meinungs- und Pressefreiheit sind dann solche Gesetze, die sich nicht speziell oder gar ausschließlich mit diesen Freiheiten befassen und nicht speziell oder gar ausschließlich sie einschränken, die also kein Sonderrecht gegen die Presse und gegen die freie Meinung enthalten. Man kann auch darauf abstellen, ob die gesetzliche Einschränkung oder der gesetzlich ermächtigte Eingriff gerade auf die Presse- oder Meinungsfreiheit gezielt, speziell auf sie gerichtet ist: dann Sondergesetz — oder ob der Gesetzeseingriff in andere Richtung zielt und die Pressefreiheit nur reflexweise, nur als Nebenwirkung trifft: dann allgemeines Gesetz.

So bleibt z. B. die Aufforderung zum Verbrechen, zum Widerstand gegen die Staatsgewalt oder zum Hoch- oder Landesverrat auch dann nach Maßgabe des Strafgesetzbuchs strafbar, wenn die Aufforderung durch die Presse, im Film, über den Rundfunk oder auf einer politischen Kundgebung erfolgt. Die Vorschriften über die Arbeitszeit und den Ladenschluß gelten auch in den Betrieben der Presse, des Films und für die Rundfunkanstalten, auch wenn dadurch der Vertrieb von Presseerzeugnissen, die Herstellung oder Aufführung von Filmen oder die Veranstaltung von Rundfunksendungen behindert oder auch verhindert werden. Kein Träger der einschlägigen Grundrechte kann sich auf sie berufen, um die Übertretung jener Vorschriften zu rechtfertigen.

Solche Berufung ist ihnen ferner abgeschnitten, wenn die Exekutive oder Judikative in diese Freiheiten eingreift auf Grund solcher „allgemeinen Gesetze", wenn also die gesetzliche Eingriffsermächtigung sich nicht speziell gegen eine der in Art. 5 garantierten Freiheiten richtet, sondern zu Eingriffen ermächtigt, die sich auch und überwiegend gegen andere Freiheiten, Rechte und Güter richten oder richten können. So kann z. B. in Erzeugnisse, Werkzeuge und sonstige Vermögenswerte der Presse- oder Filmwirtschaft nach den Bestimmungen der Zivilprozeß- oder Exekutionsordnung vollstreckt werden, ohne daß die betroffenen Schuldner sich auf die Pressefreiheit usw. berufen können; diese Bestimmungen sind typische „Allgemeingesetze" in unserem Sinne. Oder wenn das Strafrecht die Einziehung der instrumenta et producta sceleris zuläßt, so gilt das auch für Presseerzeugnisse und -werkzeuge. Oder wenn nach den Gesetzen über die militärischen Requisitionen oder den zivilen Notstand die Behörden eine Maschine oder einen Kraftwagen zu Eigentum oder zur Benutzung anfordern können, so wird die Anforderung nicht dadurch gehindert, daß die Maschine zur Herstellung oder der Kraftwagen zum Vertrieb von Druckschriften oder Filmen dient. In allen diesen Fällen staatlichen Zugriffs auf Vermögensgüter der Presse- oder Filmunternehmen beantwortet sich die grundrechtliche Zulässigkeit nach der Eigentumsgarantie der Verfassung und vielleicht auch nach ihren Artikeln über die Gewerbefreiheit, aber nicht nach denen über die Presse- und Filmfreiheit.

b) Diese Deutung der allgemeinen Gesetze als Schranke der Meinungsfreiheit hat Smend[10] als „formalistisch-technisch" disqualifiziert und ihr folgende „materiale" Auslegung entgegengestellt, die in abgewandelter Form später das Bundesverfassungsgericht übernommen hat: „Allgemeine Gesetze als Schranke der Meinungsfreiheit seien die, welche den Vorrang vor ihr verdienen, weil das von ihnen geschützte gesellschaftliche Gut wichtiger als die Meinungsfreiheit ist". Die Allgemein-

---

[10] *Smend* VVDStRL 4, 44 [51 ff.].

heit, um die es sich hier handele, sei nicht die logische oder formalistische Kategorie des Nichtspeziellen, sondern „selbstverständlich (!) die materielle Allgemeinheit der Aufklärung: die Werte der Gesellschaft, der öffentlichen Ordnung und Sicherheit, die konkurrierenden Rechte und Freiheiten der Anderen — Sittlichkeit, öffentliche Ordnung, Staatssicherheit. An ihnen haben die Grundrechte ihre Schranken, deren Ziehung im einzelnen die Aufgabe ausführender Gesetze ist. Das ist auch die Allgemeinheit des Presseartikels: die Allgemeinheit derjenigen Gemeinschaftswerte, die als solche der ursprünglichen individualistischen Grundrechtsbetätigung gegenüber den Vorrang haben, so daß ihre Verletzung und Überschreitung ein Mißbrauch der Grundrechte ist". Smend packt also in den Vorbehalt der allgemeinen Gesetze alle bisher erörterten Schranken hinein; zulässige Schranken, wie die öffentliche Ordnung und das Sittengesetz, unzulässige, wie die Werte der Gesellschaft und die höherrangigen Rechtsgüter. Smends Vorrangstheorie ist sonach nur eine Variante der Lehre vom Gemeinwohl als Grundrechtsschranke und schon aus diesem Grunde abzulehnen.

Die Deutung der allgemeinen Gesetze mit sachlichem Vorrang enthält überdies einen Zirkelschluß: *Smend* antwortet auf die Frage, welche Gesetze den Vorrang vor der Meinungsfreiheit genießen, nur dies: wenn die Schutzgüter dieser Gesetze den Vorrang verdienen. Nach Smend genießen also die Gesetze den Vorrang, die ihn verdienen. Aber wer entscheidet darüber, welches Rechtsgut höherwertig ist und deshalb den Vorrang verdient? Doch die Verfassung! Hätte Smend Recht, dann hätte der Verfassungsgeber seine primäre Aufgabe versäumt, die Güterabwägung zwischen Freiheit und Bindung, zwischen Individualinteressen und Gemeinwohl, und den Interessenausgleich zwischen Staat und Bürger vorzunehmen oder doch in den Grundzügen vorzuzeichnen; er hätte diese Aufgabe vielmehr vollständig der Gesetzgebung und der rechtsanwendenden Gewalt überlassen und ihnen damit die Pressefreiheit völlig ausgeliefert. Im Ergebnis läuft die Lehre Smends darauf hinaus, daß die Entscheidung darüber, welche Güter den Vorrang vor der Meinungs- und Pressefreiheit genießen, in der Hand des Verfassungsgerichts liegen würde, statt in der des Verfassungsgebers, während dieser in Wahrheit die Entscheidung selbst getroffen hat: indem er den allgemeinen Gesetzen diesen Vorrang zuerkannt hat — und nicht nur ihnen, sondern auch den Vorschriften über Jugend- und Ehrenschutz; auch diese beiden weiteren Schranken der Pressefreiheit widerlegen die Vorrangtheorie, weil sie überflüssig wären, wenn schon die allgemeinen Gesetze identisch wären mit den Gesetzen, die höherrangige Rechtsgüter schützen.

Ich bin auf diese Lehre *Smends* aus doppeltem Grunde eingegangen. Erstens ist sie symptomatisch für eine bestimmte Richtung der deutschen Staatsrechtslehre, die ihre Methode als geisteswissenschaftlich bezeichnet, und die ich als durch und durch unjuristisch empfinde — und für sehr gefährlich halte, weil sie die Objektivität der Rechtsordnung durch die Subjektivität von Werturteilen ersetzt, ja zersetzt. Zweitens müßte die *Smend'*sche Vorrangtheorie konsequenterweise für alle Grundrechte gelten. Nicht nur die Pressefreiheit, sondern jedes Grundrecht müßte seine Schranke an jedem Gesetz finden, das ein Rechtsgut von höherem Wert oder Rang als das betreffende Grundrecht schützt. Einen solchen Grundsatz kann ich weder als bestehend noch als juristisch brauchbar anerkennen. Deshalb muß es bei dem schlichten, wenn auch „bloß juristischen" Verständnis der allgemeinen Gesetze als den nicht speziell presserechtlichen Vorschriften bewenden.

c) Diese Deutung der allgemeinen Gesetze als Gegensatz zu den speziell die Presse- oder Meinungsfreiheit beschränkenden Gesetzen ist auch keineswegs formalistisch, sondern sachlich wohl begründet; denn dies ist der Sinn und Grund, weshalb die allen oder anderen Freiheiten gezogenen Schranken auch die Freiheit der Publizistik begrenzen: damit die Publizistik nicht privilegiert wird. Es ist der Gleichheitsgrundsatz, der hinter der Schranke der allgemeinen Gesetze steckt. Die für alle verbindlichen Gesetze binden und begrenzen auch Presse, Film und Rundfunk; was jedermann recht ist, muß auch den Journalisten und Reportern, den Filmschaffenden, den Redakteuren und Managern des Funks und Fernsehens billig sein. Niemand kann sich zur Übertretung der allgemeinen, d. h. nicht speziell gegen die Rechte des Art. 5 I und ihre Träger gerichteten, sondern für alle Bürger geltenden Gesetze auf die Meinungs-, Informations-, Presse-, Rundfunk- oder Filmfreiheit berufen. Auch kann niemand durch solche Berufung Eingriffe des Staates abwehren, die auf Grund solcher für alle geltenden Gesetze erfolgen. Allgemeine Gesetze als Gegensatz zu den Spezialgesetzen über oder gegen die Freiheiten der Publizistik sind die Gesetze, die für alle gleichmäßig gelten, d. h. ohne Rücksicht darauf, ob der vom Gesetz Angesprochene oder Betroffene auch Träger eines publizistischen Grundrechts ist, ob er gerade dieses Recht ausübte, als er das Gesetz verletzte, und ob durch Anwendung dieses Gesetzes auf ihn gerade seine Meinungsfreiheit oder nur irgendeine andere Freiheit oder ein anderes Recht oder Rechtsgut berührt wird. Niemand kann auf Grund der Meinungs- und Mitteilungsfreiheit Privilegien beanspruchen. Niemand kann sich durch Berufung auf die Publizistenfreiheit solchen gesetzlichen oder gesetzlich ermächtigten Verpflichtungen entziehen, die ihm unabhängig von seiner Eigenschaft als Träger oder Ausüber eines Publizitätsrechts obliegen oder auferlegt werden.

Der Vorbehalt der allgemeinen Gesetze hat also den gleichen Sinn wie die Klausel im Religionsartikel der Eidgenössischen Verfassung: „Die Glaubensansichten entbinden nicht von der Erfüllung der bürgerlichen Pflichten". Unsere Verfassung kleidet den gleichen Gedanken in die Worte: „Die bürgerlichen und staatsbürgerlichen Rechte und Pflichten werden durch die Ausübung der Religionsfreiheit weder bedingt noch beschränkt".[11] Also nicht die Religionsgebote gehen den weltlichen Pflichten und den sie begründenden staatlichen Gesetzen vor, sondern umgekehrt genießen die staatlichen Gesetze den Vorrang vor den kirchlichen; denn vor den staatlichen Gesetzen sind alle gleich. Deshalb gewährt unsere Verfassung den Religionsgesellschaften auch Selbstverwaltung und Autonomie nur „innerhalb der Schranken des für alle geltenden Gesetzes".[12] Das heißt: Was jedermann verboten, ist auch den Kirchen nicht erlaubt — und wozu jedermann verpflichtet ist, das ist auch ihnen geboten.

d) Versteht man so den Vorbehalt der allgemeinen Gesetze als Gleichheitssicherung gegenüber der Religionsfreiheit und ihrer Säkularisation, der Meinungs- und Publizistenfreiheit, dann beantwortet sich die Frage, ob dieser Vorbehalt auf andere oder alle Grundrechte ausgedehnt werden darf oder muß, da-

---

[11] Art. 140 GG i. V. m. Art. 136 I WRV.
[12] Art. 140 GG i. V. m. Art. 137 III WRV.

hin: Diejenigen Grundrechte bedürfen dieses Vorbehalts, bei denen die Gefahr besteht, daß ihr Gebrauch Privilegien begründet und damit die Gleichheit aller Bürger vor dem Gesetz in Frage stellt. Dafür kommen zwei Gruppen von Grundrechten in Frage: solche, welche die Freiheit von Überzeugungen betreffen, und solche, welche Gruppenbildungen schützen oder ermöglichen. Niemand ist berechtigt, aus Gründen seiner abweichenden Überzeugung oder wegen seiner Zugehörigkeit zu einer bestimmten Gruppe der Bevölkerung den für alle geltenden Gesetzen den Gehorsam zu verweigern. Demnach stehen außer den Freiheiten des Glaubens und Gewissens, des Bekenntnisses und des Kultus', der Meinungsäußerung und Information, der Presse und Publikation folgende Grundrechte unter dem Vorbehalt der allgemeinen Gesetze:

Erstens die Freiheit von Kunst und Wissenschaft, Forschung und Lehre, die unsere Verfassung besonders garantiert. Obwohl sie hierbei keinen anderen Vorbehalt als den der Verfassungstreue der Hochschullehrer gemacht hat, muß auch hier die Schranke der allgemeinen Gesetze gelten: Was für alle Bürger verbindlich ist, bindet und verpflichtet auch den Künstler und den Wissenschaftler, auch den wissenschaftlichen Forscher und Lehrer. Was jedermann verboten ist, wird nicht dadurch erlaubt, daß es beim Forschen oder Lehren oder in Ausübung von Kunst oder Wissenschaft begangen wird. Kunst und Wissenschaft, Forschung und Lehre sind und bleiben auch dann frei, wenn ihre Träger bei ihrer Ausübung die Schranken einhalten und die Pflichten erfüllen müssen, die jedermann gesetzt sind.

Zweitens beschränken die allgemeinen Gesetze die Versammlungs- und die Vereinsfreiheit. Diese Grundrechte betreffen gleichermaßen die Überzeugungs- wie die Gruppenbildung. Sie gewähren Freiheit der Kommunikation, Publikation und Assoziation. Auch hier besteht daher die Gefahr, daß ihre Inanspruchnahme die Gleichheit aller Bürger vor dem Gesetz beeinträchtigt. Auch hier ist daher der Vorbehalt der allgemeinen Gesetze nützlich und nötig. Niemand kann durch Versammlung oder Vereinigung sich seinen privat- oder öffentlichrechtlichen Verpflichtungen entziehen; kollektiv hat er nicht mehr Rechte wie als Individuum; jede Assoziation von Bürgern hat grundsätzlich die gleichen Pflichten zu erfüllen und dieselben Schranken einzuhalten, die der Staat dem einzelnen ge-

setzt hat oder auferlegen kann. Versammlungs- oder Vereinsfreiheit besteht nur im Rahmen der allgemeinen Gesetze, d. h.
der nicht speziell gegen diese Freiheiten gerichteten Vorschriften.
Die nicht speziell vereins- oder versammlungsrechtlichen Vorschriften bleiben von der Vereins- und Versammlungsfreiheit
unberührt, auch wenn sie zugleich auf Vereine und Versammlungen anwendbar sind und solche Anwendung im Ergebnis zu
einer Beschränkung der Vereins- oder Versammlungsfreiheit
führt.

Im Grundgesetz kommt dieser Vorbehalt der allgemeinen
Gesetze darin zum Ausdruck, daß „Vereine, deren Zwecke
oder Tätigkeit den Strafgesetzen zuwiderlaufen oder sich gegen
die verfassungsmäßige Ordnung richten", verboten sind. Also
Staatssicherheit geht vor Vereinsfreiheit! Und die „Strafgesetze"
sind die allgemeinen Strafgesetze, d. h. nicht solche, die speziell
die Gründung oder Tätigkeit von Vereinen bestrafen. Andererseits begrenzen nicht nur die *Straf*gesetze, sondern alle nicht
speziell vereinsrechtlichen Vorschriften die Vereinsfreiheit, auch
die Normen des Zivil-, Prozeß- und Verwaltungsrechts.

e) Ich fasse diese Lehre von den allgemeinen Gesetzen als
Schranke der Religions-, Publikations- und Assoziationsfrei-
heiten in folgende Sätze zusammen: Allgemeine Gesetze als
Schranken dieser Grundrechte sind diejenigen Normen, deren
Nichtanwendung auf diese Grundrechte und ihre Träger die
Gleichheit aller Bürger vor dem Gesetz verletzen würde. Dieser
spezielle Gleichheitsgrundsatz beschränkt also alle diejenigen
Grundrechte, deren Inanspruchnahme zur ungleichen Anwendung der für alle geltenden Gesetze führen würde — und soweit
sie es tun würde. Niemand kann sich auf ein Grundrecht berufen, um von der Anwendung solcher Vorschriften dispensiert
zu werden, die nicht speziell das in Anspruch genommene
Grundrecht betreffen.

Kein Freiheitsgrundrecht befreit von der Geltung des Gleich-
heitsgrundsatzes. Die Grundrechte sind und gewähren keine
Privilegien; und sie dürfen nicht so ausgelegt werden, daß bestimmte Gruppen oder Mächte Vorrechte genießen. Sonst verwandeln sich die Grundrechte in ständische Libertäten. Die
Gefahr solcher ständischen oder ständestaatlichen Denaturierung
der Grundrechte ist um so größer, je mehr auch die Demokratie
sich in die Herrschaft rivalisierender und praktierender Grup-

pen verwandelt, die pluralistische Gesellschaft also vom Objekt zum Subjekt der staatlichen Ordnung aufsteigt und damit auf die Integration der Bürger und ihrer Verbände zur Nation verzichtet wird. Auch in einem solchen Gemeinwesen, im Verbändestaat, kann und wird es noch Freiheit geben; aber das ist dann eine andere Freiheit als die der Menschen- und Bürgerrechte, der liberalen und demokratischen Grundrechte unserer Verfassungen und ihrer Tradition.